NEUROCIENCIA DE LA ALEGRÍA

Cómo el Cerebro Construye la Felicidad

While every precaution has been taken in the preparation of this book, the publisher assumes no responsibility for errors or omissions, or for damages resulting from the use of the information contained herein.

NEUROCIENCIA DE LA ALEGRÍA. CÓMO EL CEREBRO CONSTRUYE LA FELICIDAD.

First edition. September 10, 2023.

ISBN: 979-8223590385

Written by Ava Bliss.

INDICE

Introducción

- La importancia de la felicidad en la vida de las personas.
- Plantea la pregunta central del libro: ¿Qué impulsa la felicidad y cómo podemos cultivarla?

Capítulo 1: Los Fundamentos de la Psicología Positiva

- Conceptos clave de la psicología positiva, como el bienestar subjetivo, la gratitud y la resiliencia.
- Los pioneros en el campo de la psicología positiva y sus investigaciones.

Capítulo 2: La Neurociencia de la Felicidad

- Neurociencia y Felicidad: Avances con la fMRI
- Relación entre la actividad cerebral y las emociones positivas.

Capítulo 3: Factores Internos de la Felicidad

- Cómo las actitudes, las creencias y la autocompasión influyen en la felicidad.
- Ejemplos y ejercicios prácticos para cambiar pensamientos y comportamientos negativos.

Capítulo 4: Factores Externos de la Felicidad

- La importancia de las relaciones sociales, la comunidad y el apoyo emocional en la felicidad.

- Consejos para fortalecer relaciones y construir conexiones significativas.

Capítulo 5: La Práctica de la Gratitud y la Resiliencia

- Cómo la gratitud y la resiliencia pueden ser cultivadas y mejoradas.
- Ejemplos concretos de ejercicios diarios para fomentar la gratitud y la resiliencia.

Capítulo 6: Mindfulness y Presencia Plena

- Cómo la atención plena puede ayudar a vivir en el presente y reducir el estrés.
- Ejercicios de atención plena y consejos para su integración en la vida diaria.

Capítulo 7: Encontrando Propósito y Significado

- La importancia de encontrar un propósito en la vida y cómo esto contribuye a la felicidad.
- Cómo reflexionar sobre tus propios valores y metas personales.

Capítulo 8: El Camino Hacia una Vida Más Feliz

- Resumen de los conceptos clave y estrategias.
- Plan de acción para que los lectores puedan empezar a cultivar la felicidad en sus vidas.

Conclusión

- La importancia de la constancia y la práctica en el camino hacia la felicidad.
- Aplica los principios aprendidos en su vida cotidiana.

Recursos y Bibliografía

- Libros, estudios y recursos adicionales para aquellos que deseen explorar más a fondo el tema.

Agradecimientos

INTRODUCCIÓN

LA IMPORTANCIA DE LA FELICIDAD EN LA VIDA DE LAS PERSONAS.

La felicidad es un tesoro que todos anhelamos, un estado emocional que trasciende culturas, edades y fronteras. Es el objetivo subyacente que impulsa gran parte de lo que hacemos en la vida. Pero ¿por qué la felicidad es tan vital en nuestras vidas? ¿Qué impacto tiene en nuestra salud, relaciones, trabajo y satisfacción general con la vida? En este capítulo, exploraremos en profundidad la importancia de la felicidad y cómo afecta cada aspecto de nuestra existencia.

El Bienestar Emocional

La felicidad es un componente central del bienestar emocional. Cuando experimentamos emociones positivas como la alegría, el contento y la satisfacción, nuestro estado emocional general mejora. Esto no solo nos hace sentir bien en el momento, sino que también tiene beneficios a largo plazo para nuestra salud mental y emocional. Las personas que son felices tienden a:

- Experimentar menos estrés y ansiedad.
- Tener una mayor capacidad para afrontar desafíos y adversidades.
- Disfrutar de relaciones interpersonales más sólidas y satisfactorias.
- Experimentar un mayor sentido de autoestima y autoconfianza.

Salud Física y Longevidad

La influencia de la felicidad va más allá de lo emocional y se extiende a nuestra salud física. Numerosos estudios han demostrado que las personas felices tienden a tener una mejor salud en general. La relación entre la felicidad y la salud incluye:

- Una menor incidencia de enfermedades crónicas como enfermedades cardíacas y diabetes.
- Un sistema inmunológico más fuerte, lo que nos hace más resistentes a las infecciones.
- Una mayor longevidad, con una mayor esperanza de vida en comparación con las personas menos felices.

Relaciones Interpersonales

La felicidad también desempeña un papel fundamental en nuestras relaciones con los demás. Las personas felices tienden a ser más amigables, compasivas y dispuestas a ayudar a los demás. Esta actitud positiva puede mejorar significativamente nuestras relaciones interpersonales. Cuando somos felices:

- Irradiamos una energía positiva que atrae a otros hacia nosotros.
- Somos más comprensivos y empáticos con las emociones y necesidades de los demás.
- Creamos conexiones más auténticas y satisfactorias en nuestras amistades y relaciones románticas.

Éxito Personal y Profesional

La felicidad no solo está relacionada con el bienestar emocional, sino que también puede impulsar el éxito en múltiples áreas de la vida. Las personas felices tienden a ser más motivadas, creativas y productivas, lo que puede conducir a logros personales y profesionales significativos. Algunos de los beneficios incluyen:

- Un mayor nivel de motivación para alcanzar metas y perseguir sueños.
- Mayor capacidad para resolver problemas y tomar decisiones efectivas.
- Una mayor disposición para asumir riesgos de manera calculada.

Satisfacción con la Vida y Sentido de Propósito

La felicidad está intrínsecamente relacionada con la satisfacción general con la vida. Cuando nos sentimos felices, es más probable que evaluemos nuestra vida en general de manera más positiva. La felicidad también puede estar vinculada al sentido de propósito y significado en la vida. Cuando nos sentimos felices:

- Percibimos nuestras acciones y esfuerzos como significativos y valiosos.
- Nos sentimos más satisfechos con nuestra dirección en la vida y nuestras metas personales.

EN BUSCA DE LA FELICIDAD: ¿QUÉ LA IMPULSA Y CÓMO CULTIVARLA?

En el capítulo anterior, exploramos la importancia fundamental de la felicidad en la vida de las personas. Ahora, adentrémonos en la pregunta central de este libro: ¿Qué factores y procesos impulsan la felicidad y cómo podemos cultivarla conscientemente? A lo largo de este capítulo, examinaremos la ciencia y la psicología detrás de la felicidad, desentrañando los misterios que rodean a este estado emocional y proporcionando pautas prácticas para su cultivo.

Factores Internos y Externos

La búsqueda de la felicidad nos lleva a dos dominios: los factores internos y los externos. Los factores internos se refieren a cómo percibimos y gestionamos nuestras emociones, pensamientos y actitudes, mientras que los factores externos incluyen nuestras relaciones, entorno y circunstancias de vida. Vamos a explorar ambos aspectos.

La Psicología de la Felicidad

La psicología positiva, una rama de la psicología que se enfoca en el estudio de la felicidad y el bienestar, ha revelado insights cruciales sobre lo que impulsa la felicidad. Algunos de los hallazgos incluyen:

- **El Efecto de la Gratitud:** La práctica de la gratitud puede aumentar significativamente la felicidad y la satisfacción con la vida. Veremos cómo incorporar la gratitud en nuestra rutina diaria.

- **La Resiliencia Emocional:** La capacidad de afrontar desafíos y recuperarse de la adversidad es esencial para la felicidad a largo plazo. Exploraremos estrategias para desarrollar la resiliencia emocional.

- **La Importancia de las Relaciones Sociales:** Las relaciones interpersonales saludables y significativas son un pilar de la felicidad. Analizaremos cómo fortalecer nuestros lazos sociales y construir conexiones significativas.

Los Factores Externos

Además de los aspectos internos, los factores externos también desempeñan un papel en la felicidad. Estos incluyen nuestro entorno, nuestro trabajo y nuestras actividades cotidianas. Hablaremos sobre:

- **El Impacto del Entorno:** Cómo nuestro entorno físico y

social puede influir en nuestra felicidad y cómo podemos tomar medidas para crear un entorno más propicio para la alegría.

- **El Equilibrio entre Trabajo y Vida Personal:** La importancia de encontrar un equilibrio saludable entre nuestras responsabilidades profesionales y nuestra vida personal para promover la felicidad.

Estrategias Prácticas para Cultivar la Felicidad

Finalmente, este capítulo proporcionará consejos y estrategias prácticas que cualquiera puede aplicar para cultivar la felicidad en su vida diaria. Desde la práctica del mindfulness hasta la construcción de una mentalidad positiva, te ofreceremos herramientas efectivas para mejorar tu bienestar emocional.

Capítulo 1

Los Fundamentos de la Psicología Positiva

En este capítulo, nos sumergiremos en los conceptos fundamentales de la psicología positiva, una disciplina que se centra en comprender cómo las personas pueden llevar vidas más felices y significativas. Exploraremos tres conceptos clave que forman la base de la psicología positiva: el bienestar subjetivo, la gratitud y la resiliencia. Estos conceptos son pilares esenciales para comprender y cultivar la felicidad en nuestras vidas.

El Bienestar Subjetivo: Más Allá de la Mera Felicidad

El bienestar subjetivo es un concepto fundamental en la psicología positiva. Se refiere a cómo las personas evalúan y experimentan su propia vida. Incluye tres componentes principales:

1. **Satisfacción con la Vida:** La evaluación general de si estamos satisfechos o insatisfechos con nuestra vida en su conjunto.
2. **Experiencia Positiva:** La frecuencia y la intensidad de emociones positivas como la alegría, el placer y la gratitud.
3. **Ausencia de Experiencia Negativa:** La ausencia o la reducción de emociones negativas como la tristeza, el estrés y la ansiedad.

Comprender el bienestar subjetivo nos permite ir más allá de la mera felicidad y explorar la satisfacción y la plenitud en la vida en general.

La Gratitud: Reconociendo lo Positivo

La **gratitud** es otro pilar de la psicología positiva. Se trata de reconocer y apreciar las cosas positivas en la vida, incluso las pequeñas. La gratitud puede tener un profundo impacto en la felicidad y el bienestar. Al practicar la gratitud, podemos:

- Mejorar nuestro bienestar subjetivo.
- Fortalecer nuestras relaciones interpersonales al expresar agradecimiento a los demás.
- Desarrollar una perspectiva más positiva y optimista de la vida.

La Resiliencia: Afrontando los Desafíos

La **resiliencia** es la capacidad de afrontar desafíos, superar obstáculos y recuperarse de las adversidades. La resiliencia no solo nos permite sobrevivir en momentos difíciles, sino también crecer y prosperar. Algunos aspectos clave de la resiliencia incluyen:

- La adaptabilidad en la cara de la adversidad.
- La capacidad de mantener una actitud positiva y esperanzada.
- La búsqueda de apoyo y recursos para superar desafíos.

La resiliencia es una habilidad que se puede desarrollar y que desempeña un papel fundamental en la construcción de una vida feliz y significativa.

Estrategias para Cultivar la Gratitud y la Resiliencia

En la segunda parte de este capítulo, exploraremos estrategias prácticas para cultivar la gratitud y la resiliencia en nuestras vidas diarias. Aprenderemos cómo practicar la gratitud de manera regular y cómo desarrollar una mentalidad resiliente que nos permita enfrentar los desafíos con fuerza y determinación.

LOS PIONEROS EN EL CAMPO DE LA PSICOLOGÍA POSITIVA Y SUS INVESTIGACIONES.

En nuestra búsqueda para comprender la psicología de la felicidad y el bienestar, es esencial mirar hacia aquellos que pavimentaron el camino y sentaron las bases de la psicología positiva. En este capítulo, exploraremos las contribuciones de algunos visionarios en este campo y sus investigaciones pioneras que han ayudado a dar forma a nuestra comprensión actual de la felicidad.

Martin Seligman: El Padre de la Psicología Positiva

El Dr. Martin Seligman es considerado el "padre" de la psicología positiva. Su trabajo en la década de 1990 marcó el inicio de este campo de estudio. Seligman es conocido por su teoría del aprendizaje de la indefensión, pero su cambio de enfoque hacia la psicología positiva fue un punto de inflexión. Él y su equipo comenzaron a investigar las fortalezas humanas y las emociones positivas, buscando respuestas a la pregunta de qué hace que las personas prosperen y sean felices.

Una de las investigaciones más destacadas de Seligman fue su estudio sobre el concepto de "flourishing" o "florecimiento", que se refiere a la experiencia de una vida plena y satisfactoria. Sus investigaciones y escritos, incluido el libro "Flourish", han influido en cómo entendemos y cultivamos la felicidad en nuestras vidas cotidianas.

Sonja Lyubomirsky: La Ciencia de la Felicidad

La Dra. Sonja Lyubomirsky es otra figura destacada en la psicología positiva. Su investigación se centra en la felicidad y cómo las personas pueden aumentarla de manera sostenible. Lyubomirsky es conocida por su trabajo sobre la adaptación hedónica, que sostiene que las personas tienden a volver a un nivel constante de felicidad después de cambios tanto positivos como negativos en sus vidas.

Una de sus contribuciones más influyentes es la teoría de la "felicidad sostenible", que sugiere que la felicidad duradera proviene de prácticas regulares y sostenibles, como la gratitud y la práctica de actos de bondad. Sus investigaciones han llevado a la popularización de técnicas prácticas para aumentar la felicidad, como llevar un diario de gratitud y realizar actos altruistas.

Mihaly Csikszentmihalyi: El Estado de Flujo

El Dr. Mihaly Csikszentmihalyi es conocido por su investigación sobre el concepto de "flujo" o "flow", que se refiere a un estado de absorción completa en una actividad, donde el tiempo parece detenerse y las personas experimentan una profunda satisfacción. Csikszentmihalyi ha explorado cómo encontrar y cultivar estos momentos de flujo en la vida cotidiana puede contribuir a una mayor felicidad y bienestar.

Su trabajo ha influido en cómo entendemos la importancia de la implicación activa y el compromiso en nuestras vidas para alcanzar estados de felicidad duradera.

Barbara Fredrickson: Ampliación y Construcción

La Dra. Barbara Fredrickson es conocida por su teoría de la "ampliación y construcción", que sugiere que las emociones positivas no solo se sienten bien en el momento, sino que también amplían nuestra perspectiva mental y construyen recursos personales. Su investigación ha demostrado cómo las emociones positivas, como el amor y la gratitud, pueden llevar a un bienestar duradero y una mayor resiliencia.

Uno de sus estudios más conocidos es el "3 a 1 ratio", que sugiere que necesitamos tres experiencias positivas para contrarrestar una experiencia negativa. Esto resalta la importancia de cultivar emociones positivas en nuestras vidas para promover la felicidad y el bienestar.

Conclusiones: Un Legado de Felicidad

Estos pioneros en el campo de la psicología positiva han dejado un legado duradero que ha enriquecido nuestra comprensión de la felicidad y el bienestar. Sus investigaciones y teorías han inspirado prácticas y estrategias concretas que cualquiera puede aplicar para llevar una vida más feliz y significativa. A medida que exploramos sus contribuciones, recordemos que la felicidad es un campo en constante evolución, y estas mentes brillantes han allanado el camino para futuras investigaciones y descubrimientos que seguirán guiándonos hacia una vida más plena.

Capítulo 2
La Neurociencia de la Felicidad

NEUROCIENCIA Y FELICIDAD: AVANCES CON LA FMRI

La búsqueda de la felicidad no solo es un tema de reflexión filosófica, sino también un campo de estudio científico. En este capítulo, exploraremos cómo la neurociencia ha desentrañado los misterios de la felicidad a través de avances tecnológicos como la resonancia magnética funcional (fMRI) y otros métodos de investigación. Estas herramientas nos permiten observar el funcionamiento interno del cerebro y comprender mejor los procesos neurobiológicos detrás de la experiencia de la felicidad.

La Revolución de la Imagen Cerebral: fMRI y la Felicidad

Uno de los avances más significativos en la neurociencia ha sido el desarrollo de la resonancia magnética funcional (fMRI), una técnica que permite mapear la actividad cerebral en tiempo real. Esta herramienta ha sido fundamental para comprender cómo el cerebro procesa las emociones, incluida la felicidad.

Los estudios de fMRI han revelado que la felicidad está asociada con la activación de ciertas áreas del cerebro, como el núcleo accumbens y el córtex prefrontal. Estas regiones están implicadas en la recompensa y la toma de decisiones, lo que sugiere que la felicidad está intrínsecamente ligada a la percepción de gratificación y bienestar.

El Papel de los Neurotransmisores en la Felicidad

Los avances en la neurociencia también han proporcionado una comprensión más profunda de cómo los neurotransmisores afectan nuestra experiencia de la felicidad. Sustancias químicas como la dopamina, la serotonina y las endorfinas desempeñan un papel crucial en regular nuestro estado de ánimo y emociones.

- **Dopamina y Recompensa:** La dopamina es conocida como el neurotransmisor de la recompensa. Se libera cuando experimentamos placer y gratificación, y desempeña un papel importante en la motivación y la búsqueda de actividades gratificantes.
- **Serotonina y Bienestar:** La serotonina está asociada con sentimientos de bienestar y felicidad. Desempeña un papel en la regulación del estado de ánimo, la ansiedad y el apetito, y su desequilibrio está relacionado con trastornos del estado de ánimo como la depresión.
- **Endorfinas y Placer:** Las endorfinas son opioides naturales producidos por el cerebro que se liberan durante situaciones de estrés o dolor, proporcionando una sensación de euforia y alivio. También están implicadas en la sensación de placer y bienestar.

Plasticidad Cerebral y la Cultura de la Felicidad

La neurociencia ha demostrado que el cerebro es increíblemente adaptable, lo que significa que tenemos la capacidad de cambiar y moldear nuestros patrones de pensamiento y emociones. Esto tiene implicaciones significativas para la cultura de la felicidad y cómo podemos entrenar nuestro cerebro para experimentar más alegría y satisfacción en la vida cotidiana.

- **La Práctica del Mindfulness:** La atención plena o mindfulness es una técnica que implica estar presente en el momento y observar los pensamientos y emociones sin juzgar. Estudios de fMRI han demostrado que la práctica regular de mindfulness puede cambiar la estructura y la función del cerebro, promoviendo una mayor sensación de bienestar.

- **La Plasticidad Emocional:** Nuestro cerebro tiene la capacidad de reorganizarse y formar nuevas conexiones neuronales a lo largo de la vida. Esto significa que podemos aprender a manejar nuestras emociones de manera más efectiva y cultivar un estado de ánimo más positivo y feliz.

Más Allá de la Ciencia: Implicaciones Prácticas

A medida que avanzamos en la comprensión de la neurociencia de la felicidad, surge la oportunidad de aplicar estos conocimientos en nuestra vida diaria. A través de técnicas basadas en la ciencia, como la meditación mindfulness y la práctica de la gratitud, podemos influir positivamente en nuestros patrones de pensamiento y emociones, acercándonos cada vez más a una vida de plenitud y satisfacción.

La intersección entre la neurociencia y la felicidad nos ofrece una visión fascinante de cómo nuestra biología y nuestras experiencias se entrelazan para formar nuestra experiencia de la felicidad. A medida que continuamos explorando este camino, recordemos que la felicidad es un viaje personal y que tenemos el poder de influir en nuestra propia experiencia de la vida.

RELACIÓN ENTRE LA ACTIVIDAD CEREBRAL Y LAS EMOCIONES POSITIVAS.

En este capítulo, nos adentraremos en el intrigante mundo de la relación entre la actividad cerebral y las emociones positivas. Descubriremos cómo ciertas regiones cerebrales están intrínsecamente vinculadas a la experiencia de emociones como la alegría, la gratitud y el amor. A través de avances en la neurociencia, estamos desentrañando los misterios de cómo nuestro cerebro da forma a nuestra experiencia emocional.

Los Centros de la Felicidad: Núcleo Accumbens y Córtex Prefrontal

Dos regiones cerebrales fundamentales en la experiencia de emociones positivas son el **núcleo accumbens** y el **córtex prefrontal**.

- **Núcleo Accumbens:** Conocido como el "centro de recompensa" del cerebro, el núcleo accumbens juega un papel esencial en la experiencia de placer y gratificación. Se activa cuando experimentamos situaciones gratificantes, como recibir un cumplido o disfrutar de una comida deliciosa. Esta activación está directamente relacionada con la sensación de felicidad.

- **Córtex Prefrontal:** Esta parte del cerebro está involucrada en la toma de decisiones, la planificación y la regulación emocional. Es esencial para procesar y comprender las emociones, especialmente las positivas. Cuando el córtex prefrontal está activado, somos más capaces de experimentar y mantener emociones positivas.

La Química de la Felicidad: Neurotransmisores y Emociones Positivas

Los neurotransmisores, las sustancias químicas que transmiten señales entre las células nerviosas, juegan un papel fundamental en la experiencia de emociones positivas.

- **Dopamina:** Este neurotransmisor está vinculado a la sensación de recompensa y placer. Cuando experimentamos algo gratificante, como el cumplido de un ser querido o el éxito en una tarea, se libera dopamina en el cerebro, contribuyendo a la sensación de felicidad y satisfacción.

- **Serotonina:** La serotonina está asociada con sentimientos de bienestar y estabilidad emocional. Niveles adecuados de serotonina son esenciales para mantener un estado de ánimo positivo y prevenir la depresión y la ansiedad.

- **Endorfinas:** Estos opioides naturales del cerebro se liberan en respuesta al estrés o el dolor, proporcionando una sensación de euforia y alivio. También están implicadas en la sensación de placer y bienestar.

La Retroalimentación Cerebral y las Emociones Positivas

La relación entre la actividad cerebral y las emociones positivas es una vía de doble sentido. No solo la actividad cerebral contribuye a la experiencia de emociones positivas, sino que las emociones positivas también pueden influir en la actividad cerebral.

- **Efecto de Retroalimentación Positiva:** Experimentar emociones positivas puede fortalecer las conexiones neuronales asociadas con esas emociones, creando un ciclo de retroalimentación positiva. Cuanto más cultivamos emociones positivas, más arraigadas se vuelven en nuestro cerebro.

- **Prácticas para Fortalecer Emociones Positivas:** A través de técnicas como la práctica de la gratitud, el mindfulness y la búsqueda de actividades que nos brinden alegría, podemos influir activamente en la actividad cerebral y cultivar un estado emocional más positivo y feliz.

A medida que exploramos esta intrincada relación entre la actividad cerebral y las emociones positivas, recordemos que tenemos el poder de influir en nuestra propia experiencia emocional. Al comprender cómo nuestro cerebro da forma a nuestras emociones, podemos tomar medidas concretas para cultivar una mayor sensación de felicidad y bienestar en nuestras vidas diarias.

Capítulo 3
Factores Internos de la Felicidad

CÓMO LAS ACTITUDES, LAS CREENCIAS Y LA AUTOCOMPASIÓN INFLUYEN EN LA FELICIDAD.

En este capítulo, exploraremos la profunda influencia que nuestras actitudes, creencias y la autocompasión tienen en nuestra capacidad para experimentar la felicidad. Descubriremos cómo estas fuerzas internas pueden ser poderosas aliadas o adversarios en nuestra búsqueda de una vida más plena y satisfactoria.

Actitudes Positivas: El Poder de la Perspectiva

Nuestras **actitudes** hacia la vida y las situaciones pueden tener un impacto significativo en nuestra felicidad. Las actitudes positivas, como el optimismo y la apertura hacia nuevas experiencias, están fuertemente relacionadas con una mayor satisfacción con la vida.

- **Optimismo:** Mantener una perspectiva optimista, creer en el potencial positivo de las situaciones y tener esperanza en el futuro puede mejorar nuestro bienestar emocional. Los optimistas tienden a enfrentar desafíos con resiliencia y a ver las dificultades como oportunidades de crecimiento.

- **Apertura a la Experiencia:** Estar dispuesto a probar cosas nuevas y explorar nuevas ideas puede enriquecer nuestras vidas. La apertura a la experiencia nos permite encontrar alegría en la diversidad y el descubrimiento.

Creencias que Nutren la Felicidad: El Poder del Pensamiento Positivo

Nuestras **creencias** juegan un papel crucial en nuestra percepción de la felicidad. Las creencias que nutren la felicidad pueden amplificar nuestro bienestar emocional.

- **Creencia en el Control Personal:** Creer que tenemos el poder de influir en nuestras vidas y tomar decisiones que nos beneficien contribuye a la sensación de control y autonomía, lo que se relaciona positivamente con la felicidad.
- **Creencia en la Gratitud:** Creer en la importancia de reconocer y apreciar lo que tenemos fomenta la gratitud, que a su vez está fuertemente vinculada a emociones positivas y una mayor satisfacción con la vida.

Autocompasión: El Poder de Ser Amable Contigo Mismo

La **autocompasión** es la práctica de tratarse a uno mismo con la misma amabilidad y comprensión que mostraríamos a un amigo en momentos de dificultad. La autocompasión está relacionada con la resiliencia emocional y la reducción del estrés.

- **Autocrítica vs. Autocompasión:** Aquellos que son críticos consigo mismos tienden a experimentar más ansiedad y depresión, mientras que aquellos que practican la autocompasión se recuperan más rápidamente de las adversidades y tienen una mayor autoestima.
- **Autocompasión en la Adversidad:** La autocompasión nos permite enfrentar desafíos con gentileza y comprensión en lugar de autocrítica. Esto nos ayuda a mantener una visión más realista de nosotros mismos y nuestras circunstancias, lo que a su vez promueve la felicidad y el bienestar.

<u>**La Práctica Diaria de la Felicidad**</u>

La felicidad no es solo un estado pasivo; es una habilidad que podemos cultivar activamente a través de la atención consciente a nuestras actitudes, creencias y la autocompasión.

- **Mindfulness y Atención Plena:** Practicar la atención plena nos ayuda a ser conscientes de nuestras actitudes y creencias, permitiéndonos ajustarlas para fomentar emociones positivas y la felicidad.
- **Diario de Gratitud:** Llevar un diario de gratitud nos ayuda a recordar regularmente las cosas por las que estamos agradecidos, fortaleciendo nuestras creencias positivas y fomentando la felicidad.
- **Practicar la Autocompasión:** Cultivar la autocompasión implica tratarnos a nosotros mismos con bondad y comprensión en momentos de dificultad. A medida que desarrollamos esta habilidad, fortalecemos nuestra resiliencia y nuestro bienestar emocional.

En resumen, nuestras actitudes, creencias y la autocompasión son poderosas influencias en nuestra búsqueda de la felicidad. Al prestar atención a estas fuerzas internas y practicar estrategias para cultivar emociones positivas, podemos tomar el control activo de nuestra experiencia de vida y acercarnos a una vida más rica y satisfactoria. La felicidad está al alcance de todos nosotros, y es una

EJEMPLOS Y EJERCICIOS PRÁCTICOS PARA CAMBIAR PENSAMIENTOS Y COMPORTAMIENTOS NEGATIVOS.

En este capítulo, exploraremos cómo podemos cambiar pensamientos y comportamientos negativos para fomentar una mayor

felicidad y bienestar. A través de ejemplos y ejercicios prácticos, aprenderemos estrategias efectivas para transformar la negatividad en positividad.

Identificación de Pensamientos Negativos

El primer paso para cambiar pensamientos negativos es identificarlos. A menudo, estos pensamientos son automáticos y pueden pasar desapercibidos. Aquí hay un ejemplo:

Pensamiento Negativo: "Nunca puedo hacer nada bien."

Cuestionamiento y Refutación

Una vez que identificamos un pensamiento negativo, es fundamental cuestionarlo y refutarlo de manera constructiva.

Ejercicio Práctico:

Paso 1: Identifica un pensamiento negativo recurrente en tu mente, como el ejemplo anterior.

Paso 2: Cuestiona ese pensamiento. ¿Es realmente cierto que "nunca puedes hacer nada bien"? ¿Puedes pensar en ejemplos donde lo has hecho bien en el pasado?

Paso 3: Refuta el pensamiento negativo. Por ejemplo, podrías decir: "Es cierto que he tenido desafíos en el pasado, pero también he tenido éxitos y logros. Este pensamiento no refleja la totalidad de quién soy ni de lo que soy capaz."

Reemplazo de Pensamientos Negativos

Una vez que has cuestionado y refutado un pensamiento negativo, es hora de reemplazarlo por uno más positivo y realista.

Ejercicio Práctico:

Paso 1: Toma el pensamiento negativo que identificaste y cuestionaste.

Paso 2: Crea una declaración positiva que refleje una perspectiva más equilibrada y realista. Por ejemplo: "Reconozco que enfrento desafíos en ocasiones, pero también tengo la capacidad de aprender y mejorar. Estoy dispuesto a trabajar en mi crecimiento personal."

Visualización Positiva

La visualización positiva es una poderosa herramienta para cambiar comportamientos y pensamientos negativos. Imaginarte a ti mismo teniendo éxito y siendo feliz puede influir en tu actitud y acciones.

Ejercicio Práctico:

Paso 1: Encuentra un lugar tranquilo y relajado.

Paso 2: Cierra los ojos y visualízate a ti mismo enfrentando una situación desafiante de manera positiva. Imagina cada detalle: cómo te sientes, cómo te comunicas y cómo logras el éxito.

Paso 3: Practica esta visualización regularmente para reforzar pensamientos y comportamientos positivos.

Gratitud Diaria

La gratitud es una poderosa herramienta para cambiar el enfoque de lo negativo a lo positivo en la vida cotidiana.

Ejercicio Práctico:

Paso 1: Mantén un diario de gratitud.

Paso 2: Cada día, anota al menos tres cosas por las que estás agradecido. Pueden ser cosas pequeñas o grandes, desde la amistad hasta un hermoso atardecer.

Paso 3: Reflexiona sobre tus entradas de gratitud y cómo te hacen sentir más positivo y agradecido por lo que tienes.

Al practicar estos ejercicios y estrategias, puedes cambiar tu enfoque de la negatividad a la positividad, transformando tus pensamientos y comportamientos para cultivar una mayor felicidad y bienestar en tu vida. La clave está en la práctica constante y la autodisciplina.

Capítulo 4

Factores Externos de la Felicidad

LA IMPORTANCIA DE LAS RELACIONES SOCIALES, LA COMUNIDAD Y EL APOYO EMOCIONAL EN LA FELICIDAD.

En este capítulo, exploraremos el profundo impacto que las relaciones sociales, la comunidad y el apoyo emocional tienen en nuestra búsqueda de la felicidad. Descubriremos por qué las conexiones humanas son esenciales para nuestro bienestar y cómo podemos cultivar relaciones significativas para aumentar nuestra satisfacción con la vida.

La Importancia de las Relaciones Sociales

Las relaciones sociales son un pilar fundamental de la felicidad humana. La calidad de nuestras conexiones con amigos, familiares y seres queridos puede tener un impacto significativo en nuestro bienestar emocional.

- **Apoyo Emocional:** Las relaciones cercanas nos brindan un sistema de apoyo emocional crucial. Compartir nuestras alegrías y preocupaciones con personas de confianza puede aliviar el estrés y aumentar nuestra sensación de seguridad.

- **Sentido de Pertenencia:** Sentirnos parte de una comunidad y estar conectados con otros satisface nuestra necesidad innata de pertenencia. Esto puede generar una mayor satisfacción con la vida y una mayor sensación de identidad.

Las Conexiones como Antídoto contra la Soledad

La soledad puede ser perjudicial para nuestra felicidad y bienestar. La falta de conexiones sociales significativas puede llevar a sentimientos de aislamiento y tristeza.

- **Efectos de la Soledad:** La soledad crónica se ha asociado con una serie de problemas de salud, como la depresión y enfermedades cardiovasculares. La falta de interacción social puede afectar negativamente nuestra salud mental y física.
- **Cultivar Conexiones Sociales:** Fomentar relaciones sociales de calidad y participar en actividades comunitarias puede contrarrestar la soledad y promover la felicidad. Involucrarse en grupos, clubes o actividades que te interesen es un excelente punto de partida.

La Generosidad y el Apoyo Mutuo

La generosidad y el apoyo mutuo son ingredientes clave para relaciones saludables y una mayor felicidad.

- **Generosidad y Gratitud:** Hacer actos de bondad hacia los demás no solo beneficia a los receptores, sino que también nos hace sentir bien. La generosidad y la gratitud están estrechamente relacionadas y pueden alimentarse mutuamente.
- **Apoyo Emocional Recíproco:** El apoyo emocional mutuo en las relaciones fortalece los lazos y fomenta un ambiente de confianza y cuidado. Estar dispuesto a ofrecer apoyo y recibirlo cuando sea necesario es un signo de relaciones saludables.

La Comunidad como Fuente de Conexión

Las comunidades locales y en línea ofrecen oportunidades para conectarse con una amplia gama de personas.

- **Participación Comunitaria:** Involucrarse en actividades comunitarias o voluntariado puede brindar un sentido de propósito y pertenencia. Puedes contribuir a tu comunidad mientras construyes relaciones significativas.
- **Redes Sociales y Tecnología:** Las redes sociales y la tecnología pueden ser herramientas poderosas para mantener conexiones, especialmente con amigos y familiares que están lejos. Sin embargo, es importante equilibrar el tiempo en línea con el tiempo en persona.

Cómo Cultivar Relaciones Significativas

- **Escucha Activa:** Presta atención genuina a los demás cuando te hablan. La escucha activa fortalece las relaciones y demuestra que valoras a la persona.
- **Fomenta la Comunicación Abierta:** La comunicación abierta y honesta es clave para resolver conflictos y construir relaciones sólidas.
- **Tiempo de Calidad:** Dedica tiempo de calidad a tus relaciones. La calidad importa más que la cantidad.
- **Apoya el Crecimiento de los Demás:** Anima a tus seres queridos a perseguir sus pasiones y metas. Apoyar el crecimiento personal de los demás fortalece las relaciones.

En resumen, las relaciones sociales, la comunidad y el apoyo emocional son pilares esenciales de la felicidad. Cultivar conexiones significativas y brindar apoyo mutuo no solo enriquece nuestras vidas, sino que también contribuye a nuestro bienestar emocional y físico. Invertir en relaciones humanas positivas es una inversión en nuestra propia felicidad.

CONSEJOS PARA FORTALECER RELACIONES Y CONSTRUIR CONEXIONES SIGNIFICATIVAS.

Aquí tienes consejos prácticos y efectivos para fortalecer relaciones existentes y construir conexiones significativas con nuevas personas. Las relaciones sólidas son fundamentales para nuestra felicidad, y aprender cómo nutrirlas puede marcar una gran diferencia en nuestra calidad de vida.

<u>Escucha Activa</u>

La escucha activa es clave para fortalecer relaciones. Presta atención genuina cuando alguien te habla. Evita distraerte y muestra interés en lo que están diciendo.

<u>Comunicación Abierta</u>

Fomenta la comunicación abierta y honesta en tus relaciones. Hablar sobre tus sentimientos, necesidades y expectativas puede evitar malentendidos y conflictos.

<u>Practica la Empatía</u>

La empatía es ponerse en el lugar de otra persona y comprender sus emociones. Es esencial para fortalecer relaciones. Pregúntate cómo se sienten los demás y demuestra comprensión.

<u>Dedica Tiempo de Calidad</u>

El tiempo de calidad es más importante que la cantidad. Dedica tiempo a las personas que te importan. Cuando estás juntos, enfócate en la interacción y la conexión en lugar de las distracciones.

<u>Apoyo Mutuo</u>

Ofrecer apoyo emocional mutuo es crucial. Estar allí para tus seres queridos en momentos difíciles y celebrar sus éxitos fortalece los lazos.

Fomenta el Crecimiento Personal

Anima a las personas en tu vida a perseguir sus pasiones y metas. Apoyar su crecimiento personal no solo fortalece la relación, sino que también enriquece sus vidas.

Mostrar Gratitud

Expresar gratitud por las cosas que las personas hacen por ti fortalece los lazos. Hazlo regularmente y de manera sincera.

Aprende de los Conflictos

Los conflictos son naturales en las relaciones. En lugar de evitarlos, apréndelos como oportunidades de crecimiento. Comunicación respetuosa y resolución de problemas son clave.

Establece Límites Saludables

Establecer límites saludables en las relaciones es esencial. Esto garantiza que te cuides a ti mismo y mantengas una dinámica equilibrada.

Aprende a Perdonar

El perdón es una parte importante de mantener relaciones saludables. Aprende a dejar ir resentimientos y enojos para seguir adelante.

Construye Nuevas Conexiones

Para construir conexiones significativas con nuevas personas, sé abierto y accesible. Participa en actividades y entornos donde puedas conocer a individuos con intereses similares.

Escucha Activa

Cuando conozcas a alguien nuevo, practica la escucha activa. Haz preguntas, muestra interés genuino y demuestra que valoras su perspectiva.

Voluntariado y Comunidad

Involucrarse en actividades comunitarias y el voluntariado puede ser una excelente manera de conocer a personas nuevas y construir conexiones significativas.

Redes Sociales Conscientes

En el mundo digital, las redes sociales pueden ser herramientas poderosas para construir conexiones. Úsalas de manera consciente y auténtica.

Sé Auténtico

Sé tú mismo en todas tus relaciones. La autenticidad crea conexiones genuinas y duraderas.

Capítulo 5

La Práctica de la Gratitud y la Resiliencia

CÓMO LA GRATITUD Y LA RESILIENCIA PUEDEN SER CULTIVADAS Y MEJORADAS.

En este apartado, exploraremos cómo la gratitud y la resiliencia, dos cualidades fundamentales para una vida más feliz, pueden ser cultivadas y mejoradas a lo largo del tiempo. Aprenderemos estrategias prácticas para fortalecer estas habilidades y experimentar un mayor bienestar emocional.

La Magia de la Gratitud

La gratitud es la práctica de reconocer y apreciar lo que tenemos en la vida. Fomentar esta cualidad puede tener un impacto profundo en nuestra felicidad.

- **El Diario de Gratitud:** Llevar un diario de gratitud es una herramienta poderosa. Cada día, anota tres cosas por las que estás agradecido. Esto te ayudará a enfocarte en lo positivo y a encontrar alegría en las pequeñas cosas.

- **Expresión de Gratitud:** Expresar gratitud a las personas que te rodean fortalece las relaciones y te hace sentir más conectado. Agradece sinceramente a amigos, familiares y colegas por su apoyo y amistad.

- **Reflexión sobre Desafíos Superados:** La gratitud no se trata solo de reconocer las cosas buenas. También puedes reflexionar sobre los desafíos superados y lo que has aprendido de ellos. Esto te ayuda a encontrar valor incluso en las dificultades.

Resiliencia: Superando las Adversidades

La resiliencia es la capacidad de recuperarse de las adversidades y enfrentar los desafíos con fortaleza emocional. Cultivar la resiliencia es esencial para una vida más feliz y equilibrada.

- **Cambio de Perspectiva:** Enfoca tu atención en lo que puedes controlar en lugar de preocuparte por lo que no puedes. Aprende a aceptar lo que no puedes cambiar y trabaja en cambiar lo que está a tu alcance.
- **Afrontamiento Efectivo:** Desarrolla estrategias de afrontamiento saludables, como la meditación mindfulness, el ejercicio regular y la búsqueda de apoyo social. Estas actividades te ayudarán a manejar el estrés y la ansiedad.
- **Mantén una Actitud Positiva:** Cultiva el optimismo y la esperanza. La creencia en que puedes superar los desafíos es un componente clave de la resiliencia.

El Poder de la Reflexión

La reflexión regular sobre tu vida y tus experiencias puede fortalecer tanto la gratitud como la resiliencia.

- **Diario de Reflexión:** Lleva un diario en el que escribas sobre tus pensamientos y sentimientos. Esto te ayudará a procesar tus emociones y a ver patrones en tu vida.
- **Revisión de Logros:** Periodicamente, revisa tus logros y las adversidades que has superado. Esto te recordará tu capacidad para superar desafíos y fomentará la gratitud.

<u>**El Viaje de la Gratitud y la Resiliencia**</u>

Cultivar la gratitud y la resiliencia es un viaje continuo. No se trata de cambiar de la noche a la mañana, sino de desarrollar estas cualidades a lo largo del tiempo.

- **Practicar la Paciencia:** Sé paciente contigo mismo mientras trabajas en fortalecer estas habilidades. La mejora gradual es normal.
- **Aprender de las Reversas:** Las caídas son parte de la vida. En lugar de desanimarte cuando enfrentes obstáculos en tu camino hacia la gratitud y la resiliencia, considéralos como oportunidades de aprendizaje.
- **Compartir tu Experiencia:** Compartir tus experiencias con otros puede ser inspirador y te ayudará a mantener tu compromiso con la gratitud y la resiliencia.

EJEMPLOS CONCRETOS DE EJERCICIOS DIARIOS PARA FOMENTAR LA GRATITUD Y LA RESILIENCIA.

Aquí tienes ejemplos concretos de ejercicios que puedes incorporar en tu rutina diaria para fortalecer tu gratitud y resiliencia. Estas prácticas simples pero poderosas pueden transformar tu perspectiva y ayudarte a enfrentar los desafíos con mayor fortaleza emocional.

<u>1. Diario de Gratitud</u>

Práctica: Cada noche, antes de acostarte, toma unos minutos para escribir tres cosas por las que estás agradecido ese día. Pueden ser grandes logros o pequeños momentos de alegría.

Beneficios: Esta práctica te ayuda a enfocarte en lo positivo y a reconocer las cosas buenas en tu vida, incluso en días difíciles.

<u>2. Visualización de Resiliencia</u>

Práctica: Cierra los ojos y visualiza una situación desafiante que podrías enfrentar en el futuro. Imagina a ti mismo superando ese desafío con calma y determinación.

Beneficios: Esta técnica te ayuda a prepararte mentalmente para enfrentar adversidades y a desarrollar confianza en tu capacidad para superar obstáculos.

3. Apreciación del Momento Presente

Práctica: Dedica unos minutos al día para simplemente estar presente en el momento. Observa tus sentidos: ¿Qué ves, escuchas, sientes, hueles y saboreas?

Beneficios: Esta práctica te ayuda a cultivar la gratitud por la experiencia inmediata y a disfrutar plenamente del momento presente.

4. Cartas de Agradecimiento

Práctica: Escribe una carta de agradecimiento a alguien que haya tenido un impacto positivo en tu vida. Puedes elegir entregarla o simplemente guardarla para ti mismo.

Beneficios: Expresar gratitud de esta manera fortalece tus conexiones y te brinda una oportunidad para reflexionar sobre el impacto positivo de otros en tu vida.

5. Caminata de la Gratitud

Práctica: Durante una caminata, concéntrate en las cosas que te rodean y por las que puedes estar agradecido: la naturaleza, la luz del sol, la brisa.

Beneficios: Esta práctica te conecta con la belleza del mundo que te rodea y te invita a apreciar la simplicidad de la vida.

6. Mantra de Resiliencia

Práctica: Elige un mantra que te inspire resiliencia, como "Soy fuerte y capaz de superar cualquier desafío". Repítelo a ti mismo en momentos de dificultad.

Beneficios: Los mantras pueden fortalecer tu mentalidad y recordarte tu capacidad para enfrentar desafíos con valentía.

7. Actos de Bondad Aleatorios

Práctica: Realiza actos de bondad sin esperar nada a cambio. Pueden ser pequeños gestos como ayudar a alguien con una tarea o dar un cumplido sincero.

Beneficios: La generosidad hacia los demás no solo fomenta la gratitud, sino que también te hace sentir bien contigo mismo y fortalece tus conexiones sociales.

Capítulo 6
Mindfulness y Presencia Plena

CÓMO LA ATENCIÓN PLENA PUEDE AYUDAR A VIVIR EN EL PRESENTE Y REDUCIR EL ESTRÉS.

Vamos a explorar cómo la atención plena, una práctica de estar plenamente presente en el momento, puede ser una herramienta poderosa para reducir el estrés y mejorar la calidad de vida. Aprenderemos cómo incorporar la atención plena en nuestra vida cotidiana y sus beneficios para nuestra salud mental y emocional.

Comprendiendo la Atención Plena

La atención plena, también conocida como mindfulness, es la práctica de prestar atención plena y consciente al momento presente, sin juzgarlo ni distraernos con pensamientos del pasado o el futuro.

- **El Poder del Ahora:** La atención plena nos ayuda a vivir en el presente, en lugar de preocuparnos por el pasado o anticipar el futuro. Esto reduce la ansiedad y el estrés relacionados con la rumiación constante.

- **La Observación No Juzgadora:** En la atención plena, observamos nuestros pensamientos y emociones sin juzgarlos como buenos o malos. Esta actitud de no juicio promueve la autoaceptación y la comprensión.

Beneficios de la Atención Plena

La atención plena ofrece una amplia gama de beneficios para la salud mental y emocional:

- **Reducción del Estrés:** La práctica regular de la atención plena reduce la activación del sistema de respuesta al estrés, lo que disminuye la ansiedad y el estrés percibido.

- **Mejora del Enfoque y la Concentración:** La atención plena aumenta nuestra capacidad para enfocarnos en tareas y actividades, lo que mejora la productividad y la toma de decisiones.

- **Aumento de la Autoconciencia:** La atención plena nos conecta con nuestras emociones y pensamientos, lo que nos permite comprendernos mejor a nosotros mismos y nuestras reacciones.

- **Mejora de las Relaciones Interpersonales:** Al practicar la escucha activa y la empatía, la atención plena mejora nuestras relaciones con los demás.

Incorporando la Atención Plena en la Vida Diaria

Puedes incorporar la atención plena en tu vida cotidiana de diversas maneras:

- **Meditación de Atención Plena:** Dedica unos minutos al día para meditar, centrando tu atención en tu respiración o en tus sensaciones corporales. Esto te ayuda a desarrollar la habilidad de estar presente.

- **Atención Plena en la Comida:** Come conscientemente, saboreando cada bocado. Evita distracciones como la televisión o el teléfono mientras comes.

- **Respiración Consciente:** En momentos de estrés o ansiedad, toma un momento para respirar profundamente y enfocarte en tu respiración. Esto te ayudará a recuperar la calma.

- **Paseos Conscientes:** Cuando camines, presta atención a tus pasos y al entorno que te rodea. Disfruta de la belleza de la naturaleza o la arquitectura a tu alrededor.

- **Escucha Activa:** Cuando hables con alguien, escucha activamente, prestando atención a sus palabras y expresiones faciales. Evita la distracción mental.

Integrando la Atención Plena en la Rutina

Para experimentar los beneficios de la atención plena, es importante que la integres gradualmente en tu rutina diaria. Con la práctica constante, vivir en el presente y reducir el estrés se convertirán en hábitos que mejorarán tu calidad de vida. La atención plena es una herramienta poderosa que te ayudará a encontrar paz y equilibrio en medio de las demandas de la vida moderna.

EJERCICIOS DE ATENCIÓN PLENA Y CONSEJOS PARA SU INTEGRACIÓN EN LA VIDA DIARIA.

Seguidamente tienes ejercicios de atención plena y consejos para integrar esta valiosa práctica en tu vida cotidiana. La atención plena es una herramienta poderosa para reducir el estrés y mejorar la calidad de vida, y estos ejercicios te ayudarán a cultivarla de manera efectiva.

Ejercicios de Atención Plena

1. Meditación de Respiración

- **Cómo Hacerlo:** Encuentra un lugar tranquilo y siéntate en una posición cómoda. Cierra los ojos y lleva tu atención a tu respiración. Observa cómo entra y sale el aire de tus pulmones. Cuando tu mente divague, suavemente trae tu enfoque de regreso a la respiración.

- **Consejos:** Comienza con sesiones cortas y aumenta gradualmente la duración. Puedes usar aplicaciones de meditación para guiar tu práctica.

2. Ejercicio de Escaneo Corporal

- **Cómo Hacerlo:** Acuéstate cómodamente con los ojos cerrados. Comienza por tus pies y lentamente dirige tu atención hacia arriba, escaneando cada parte de tu cuerpo en busca de tensión o sensaciones. Relaja cada área a medida que avanzas.
- **Consejos:** Este ejercicio es excelente para liberar la tensión acumulada y mejorar la conciencia corporal.

3. Atención Plena en la Comida

- **Cómo Hacerlo:** Come conscientemente. Antes de cada comida, tómate un momento para observar tu comida. Saborea cada bocado, prestando atención a la textura, el sabor y el aroma. Come sin distracciones.
- **Consejos:** Este ejercicio te ayuda a disfrutar más de tus comidas y a evitar el exceso de comida.

4. Paseo Consciente

- **Cómo Hacerlo:** Cuando salgas a caminar, en lugar de distraerte con pensamientos, enfoca tu atención en cada paso que das y en el entorno que te rodea. Observa los sonidos, los colores y las sensaciones.
- **Consejos:** Este ejercicio es una excelente manera de incorporar la atención plena en tu rutina diaria y conectarte con la naturaleza.

<u>**Consejos para Integrar la Atención Plena en la Vida Diaria**</u>

1. Establece Recordatorios

- Coloca recordatorios visuales o alarmas en tu teléfono para recordarte practicar la atención plena durante el día.

2. Rutinas de la Mañana y la Noche

- Dedica tiempo en la mañana y antes de acostarte para realizar ejercicios de atención plena. Esto establece un tono positivo para tu día y te ayuda a relajarte por la noche.

3. Pequeños Descansos

- Aprovecha los momentos de espera, como hacer fila o esperar a que se caliente el agua para el té, para practicar la atención plena de forma breve.

4. Desconexión Digital

- Reduce el tiempo que pasas en dispositivos electrónicos. La atención plena se ve obstaculizada por la constante distracción digital.

5. Práctica en Grupo

- Unirte a un grupo de atención plena o meditación puede proporcionarte apoyo y motivación adicional.

6. Se Flexible Contigo Mismo

- La atención plena es una habilidad que se desarrolla con el tiempo. No te juzgues si encuentras dificultades al principio. La práctica constante es la clave.

7. Refuerza con Lecturas y Recursos

- Lee libros sobre atención plena y escucha podcasts o meditaciones guiadas para enriquecer tu comprensión y práctica.

La atención plena es una práctica que puede enriquecer tu vida de muchas maneras. Al incorporar estos ejercicios y consejos en tu rutina diaria, experimentarás los beneficios de una mayor tranquilidad, reducción del estrés y una mayor apreciación de cada momento presente. Con la práctica continua, la atención plena se convertirá en una parte valiosa de tu vida.

Capítulo 7
Encontrando Propósito y Significado

LA IMPORTANCIA DE ENCONTRAR UN PROPÓSITO EN LA VIDA Y CÓMO ESTO CONTRIBUYE A LA FELICIDAD.

Vanos a ver la importancia de encontrar un propósito en la vida y cómo este contribuye de manera significativa a la felicidad y el bienestar. Descubriremos por qué tener un sentido de propósito es fundamental y cómo puedes buscar y cultivar el tuyo propio.

La Búsqueda de Significado

La búsqueda de significado y propósito en la vida es una aspiración compartida por muchas personas en todo el mundo. Es una búsqueda intrínseca y profundamente arraigada en la condición humana.

- **¿Qué es el Propósito?:** El propósito es la sensación de que nuestra vida tiene un significado y un objetivo. Es la creencia de que nuestras acciones y esfuerzos contribuyen a algo más grande que nosotros mismos.

El Propósito y la Felicidad

1. Sentido de Dirección: El propósito en la vida proporciona una brújula interna que guía nuestras decisiones y acciones. Esto nos ayuda a tomar decisiones que están alineadas con nuestros valores y objetivos, lo que a su vez nos brinda una sensación de dirección y significado.

2. Resiliencia ante los Desafíos: Cuando tenemos un propósito claro en la vida, somos más resistentes ante los desafíos y las adversidades. El sentido de propósito nos motiva a superar obstáculos y a aprender de nuestras experiencias.

3. Mayor Bienestar Emocional: Las investigaciones han demostrado que las personas que tienen un propósito en la vida tienden a experimentar un mayor bienestar emocional. Tienen menos probabilidades de caer en la depresión y la ansiedad.

4. Relaciones Más Significativas: El propósito en la vida también puede enriquecer nuestras relaciones. Cuando estamos conectados con un sentido de propósito, nuestras interacciones con los demás a menudo se vuelven más auténticas y significativas.

La Búsqueda del Propósito

La búsqueda del propósito es un viaje personal que puede tomar tiempo y reflexión. Aquí hay algunas formas en que puedes explorar y encontrar tu propósito en la vida:

1. Reflexión Profunda

- **Preguntas Poderosas:** Tómate el tiempo para reflexionar sobre preguntas como "¿Qué me apasiona?" o "¿Cuáles son mis valores fundamentales?" Estas preguntas pueden ayudarte a identificar áreas de interés y significado.

- **Diario de Propósito:** Lleva un diario en el que escribas sobre tus pensamientos y sentimientos con respecto a tu búsqueda de propósito. A lo largo del tiempo, podrás identificar patrones y pistas.

2. Explora Tus Pasiones

- **Haz una Lista:** Enumera tus pasiones, intereses y actividades que te hacen sentir vivo. Identifica patrones o temas recurrentes que puedan indicar un posible propósito.

- **Experimenta:** Explora nuevas actividades y experiencias. A veces, el propósito se encuentra en lo desconocido.

3. Contribución a los Demás

- **Voluntariado:** Ofrecer tu tiempo y habilidades a una causa que te importa puede ser una poderosa fuente de propósito.
- **Ayuda a los Demás:** Piensa en cómo tus talentos y habilidades pueden beneficiar a los demás. Contribuir positivamente a la vida de los demás a menudo brinda un profundo sentido de propósito.

4. Aprende y Crece

- **Educación Continua:** La búsqueda del propósito puede ser un proceso de aprendizaje constante. Aprender nuevas habilidades o adquirir conocimientos puede abrir nuevas puertas y perspectivas.

5. Se Flexible

- **Adaptación:** El propósito en la vida puede cambiar con el tiempo a medida que crecemos y evolucionamos. Está bien adaptarse y ajustar tu propósito a medida que avanzas en la vida.

Cultivar el Propósito

Una vez que hayas identificado tu propósito en la vida, es importante cultivarlo y mantenerlo vivo en tu día a día.

1. Establece Objetivos Significativos: Define metas que estén alineadas con tu propósito. Estos objetivos te darán un sentido claro de dirección.

2. Practica la Gratitud: Regularmente, reflexiona sobre las formas en que tu propósito te ha enriquecido y agradece por ellas.

3. Comparte Tu Propósito: Compartir tu sentido de propósito con amigos y familiares puede fortalecer tus conexiones y brindarte apoyo en tu viaje.

4. Aprende de las Adversidades: Las dificultades pueden ser oportunidades para fortalecer tu propósito. Aprende de los desafíos y cómo te ayudan a crecer.

CÓMO REFLEXIONAR SOBRE TUS PROPIOS VALORES Y METAS PERSONALES.

Reflexionar sobre tus valores y metas personales como un paso fundamental para encontrar un propósito en la vida y vivir de manera más auténtica y significativa. Aprenderás cómo identificar tus valores, establecer metas alineadas y utilizar esta reflexión para guiar tus elecciones y acciones.

<u>La Importancia de los Valores Personales</u>

Los valores personales son las creencias y principios fundamentales que guían tus decisiones y acciones en la vida. Reflexionar sobre tus valores te ayuda a entender lo que es más importante para ti y a vivir de acuerdo con tus creencias centrales.

1. Claridad en las Decisiones

- Conocer tus valores te proporciona una guía interna para tomar decisiones coherentes con lo que realmente te importa.

2. Sentido de Propósito

- Tus valores personales están vinculados a tu sentido de propósito en la vida. Reflejan lo que consideras significativo y lo que deseas lograr.

3. Autenticidad

- Vivir de acuerdo con tus valores te permite ser auténtico y coherente contigo mismo, lo que promueve la satisfacción y la autoestima.

4. Reducción del Estrés

- Al alinear tus acciones con tus valores, reduces la tensión y la ansiedad que provienen de estar en conflicto con tus creencias fundamentales.

<u>Reflexión sobre Tus Valores Personales</u>
1. Identificación de Valores

- Tómate un tiempo para reflexionar sobre los valores que consideras más importantes en tu vida. ¿Qué principios te guían? ¿Qué te importa profundamente?

2. Jerarquía de Valores

- Clasifica tus valores en orden de importancia. Esto te ayudará a comprender cuáles son los más fundamentales para ti.

3. Conexiones con la Vida Diaria

- Piensa en cómo tus valores se manifiestan en tu vida cotidiana. ¿Tus acciones y decisiones están alineadas con tus valores?

4. Reevaluación Periódica

- Los valores pueden cambiar con el tiempo. Periodicamente, reflexiona sobre si tus valores han evolucionado y si es necesario ajustar tus metas y elecciones.

Establecimiento de Metas Personales

Una vez que hayas identificado tus valores, puedes usarlos como base para establecer metas personales que estén alineadas con lo que realmente te importa.

1. Metas Significativas

- Define metas que reflejen tus valores y que tengan un significado personal para ti. Estas metas son más propensas a inspirarte y motivarte.

2. Claridad en las Prioridades

- Establecer metas basadas en tus valores te ayuda a priorizar lo que es más importante en tu vida y a evitar distracciones innecesarias.

3. Medibles y Realistas

- Asegúrate de que tus metas sean específicas, medibles y alcanzables. Esto te brinda un enfoque claro y un sentido de logro.

4. Plazos Definidos

- Establece plazos realistas para tus metas. Los plazos te ayudan a mantener un sentido de urgencia y a medir tu progreso.

<u>Aplicación en la Vida Diaria</u>

1. Toma de Decisiones

- Utiliza tus valores como una guía para tomar decisiones importantes en la vida. Pregúntate si una opción está alineada con tus valores antes de comprometerte.

2. Gestión del Tiempo

- Prioriza tus actividades diarias de acuerdo con tus valores y metas personales. Esto te ayuda a asignar tiempo y energía a lo que realmente importa.

3. Evaluación Regular

- Evalúa periódicamente tu progreso hacia tus metas y reflexiona sobre si estás viviendo de acuerdo con tus valores. Ajusta tus acciones según sea necesario.

4. Comunicación Efectiva

- Comparte tus valores y metas con aquellos que te rodean para facilitar la comprensión y la colaboración en tus objetivos personales.

La reflexión sobre tus valores y metas personales es un proceso continuo que te ayuda a vivir de manera más auténtica y significativa.

Alineando tus acciones con lo que realmente te importa, puedes encontrar un sentido más profundo de propósito en la vida y experimentar una mayor satisfacción y bienestar. La exploración de tus valores personales y el establecimiento de metas alineadas son pasos importantes en tu viaje hacia una vida más plena y significativa.

Capítulo 8

El Camino Hacia una Vida Más Feliz

RESUMEN DE LOS CONCEPTOS CLAVE Y ESTRATEGIAS.

En este libro, hemos explorado una variedad de temas relacionados con la felicidad, el bienestar y la búsqueda de un propósito en la vida. Aquí tienes un resumen de los conceptos clave y las estrategias presentadas:

<u>Conceptos Clave:</u>

1. **Felicidad y Bienestar:** La felicidad y el bienestar son estados emocionales y psicológicos deseables que todos buscamos experimentar en la vida.

2. **Propósito en la Vida:** El propósito en la vida es la sensación de que nuestras acciones y esfuerzos contribuyen a algo más grande que nosotros mismos. Es un componente esencial de la satisfacción y la realización personal.

3. **Valores Personales:** Los valores personales son las creencias y principios fundamentales que guían nuestras decisiones y acciones. Reflexionar sobre nuestros valores nos ayuda a vivir de manera auténtica.

4. **Metas Personales:** Establecer metas personales que estén alineadas con nuestros valores es fundamental para dar dirección y significado a nuestras vidas.

5. **Atención Plena:** La atención plena, o mindfulness, es la práctica de estar plenamente presente en el momento actual sin juzgarlo. Ayuda a reducir el estrés y a mejorar la calidad de vida.

6. **Gratitud y Resiliencia:** La gratitud y la resiliencia son habilidades que pueden ser cultivadas y mejoradas a lo largo del tiempo. Contribuyen al bienestar emocional y la capacidad de superar desafíos.

Estrategias Clave:

1. **Identificar Valores Personales:** Reflexiona sobre tus valores fundamentales y clasifícalos en orden de importancia.
2. **Establecer Metas Significativas:** Define metas personales que reflejen tus valores y que tengan un significado personal para ti.
3. **Practicar la Atención Plena:** Dedica tiempo a meditar y practicar la atención plena para reducir el estrés y estar presente en el momento actual.
4. **Cultivar la Gratitud y la Resiliencia:** Lleva un diario de gratitud, expresa agradecimiento y desarrolla estrategias de afrontamiento saludables.
5. **Buscar un Propósito en la Vida:** Reflexiona sobre lo que te apasiona, explora nuevas experiencias y busca maneras de contribuir al bienestar de los demás.
6. **Aplicar Valores y Metas en la Vida Diaria:** Utiliza tus valores y metas como guía para tomar decisiones, priorizar actividades y establecer plazos.
7. **Evaluación y Ajuste Continuo:** Evalúa periódicamente tu progreso hacia tus metas y valores, y ajusta tus acciones según sea necesario.

PLAN DE ACCIÓN PARA QUE LOS LECTORES PUEDAN EMPEZAR A CULTIVAR LA FELICIDAD EN SUS VIDAS.

Aquí tienes un plan de acción con pasos concretos para que puedas comenzar a cultivar la felicidad en tu vida. Utiliza estos consejos y estrategias para dar los primeros pasos hacia una vida más plena y satisfactoria.

Paso 1: Reflexiona sobre tus Valores y Metas

Acción: Dedica tiempo a reflexionar sobre tus valores personales. Identifica los principios fundamentales que guían tu vida. Luego, establece metas personales que estén alineadas con estos valores.

Beneficios: Al vivir de acuerdo con tus valores y perseguir metas significativas, sentirás un mayor sentido de propósito y satisfacción en tu vida.

Paso 2: Practica la Atención Plena

Acción: Introduce la atención plena en tu rutina diaria. Dedica unos minutos cada día a meditar y practicar la atención plena. Durante tus actividades cotidianas, concéntrate en estar plenamente presente en el momento actual.

Beneficios: La atención plena reduce el estrés, aumenta la conciencia y te ayuda a disfrutar más plenamente de la vida.

Paso 3: Cultiva la Gratitud y la Resiliencia

Acción: Comienza un diario de gratitud en el que escribas tres cosas por las que estás agradecido cada día. Practica estrategias de resiliencia, como el pensamiento positivo y el afrontamiento activo.

Beneficios: La gratitud y la resiliencia fortalecen tu bienestar emocional y te ayudan a enfrentar los desafíos con mayor fortaleza.

Paso 4: Busca un Propósito en la Vida

Acción: Reflexiona sobre lo que te apasiona y las actividades que te hacen sentir vivo. Explora nuevas experiencias y busca maneras de contribuir al bienestar de los demás.

Beneficios: Encontrar un propósito en la vida te brinda un sentido más profundo de significado y dirección.

Paso 5: Aplica tus Valores y Metas

Acción: Utiliza tus valores y metas como guía para tomar decisiones en la vida diaria. Prioriza actividades que estén alineadas con lo que realmente te importa.

Beneficios: Vivir de acuerdo con tus valores y metas te ayuda a tomar decisiones coherentes y a evitar distracciones innecesarias.

Paso 6: Evalúa y Ajusta Continuamente

Acción: Periódicamente, evalúa tu progreso hacia tus metas y valores. Reflexiona sobre si estás viviendo de acuerdo con lo que realmente te importa y ajusta tus acciones según sea necesario.

Beneficios: La autoevaluación te permite mantener un rumbo claro y realizar mejoras constantes en tu búsqueda de la felicidad.

Paso 7: Comparte tu Viaje

Acción: Comparte tus valores, metas y experiencias con amigos y familiares. La comunicación efectiva promueve la comprensión y puede brindarte apoyo en tu viaje hacia la felicidad.

Beneficios: Compartir tu viaje con otros te conecta con personas afines y enriquece tus relaciones.

Siguiendo este plan de acción, estarás en camino hacia una vida más feliz, significativa y equilibrada. La reflexión sobre tus valores, el establecimiento de metas alineadas y la práctica de la atención plena y la gratitud son herramientas poderosas que te ayudarán a cultivar la felicidad en todas las áreas de tu vida. Recuerda que la búsqueda de la felicidad es un viaje continuo, y cada paso que tomes te acercará más a una vida plena y satisfactoria. ¡Empieza hoy mismo!

CONCLUSIÓN

LA IMPORTANCIA DE LA CONSTANCIA Y LA PRÁCTICA EN EL CAMINO HACIA LA FELICIDAD.

En la búsqueda de la felicidad y el bienestar, es fundamental reconocer que no existe un camino mágico o una fórmula instantánea. En cambio, la felicidad se cultiva a lo largo del tiempo, a través de la constancia y la práctica deliberada. Hemos explorado numerosos conceptos clave y estrategias que te ayudarán a pavimentar este camino hacia una vida más plena y satisfactoria.

La reflexión sobre tus valores personales y el establecimiento de metas alineadas con esos valores te proporcionarán un sentido claro de dirección. La práctica de la atención plena te permitirá estar presente en el momento actual, reducir el estrés y aumentar la conciencia. La gratitud y la resiliencia, cuando se cultivan y se practican regularmente, fortalecen tu bienestar emocional y tu capacidad para enfrentar desafíos.

Encontrar un propósito en la vida te brinda un sentido más profundo de significado y dirección, y vivir de acuerdo con tus valores y metas te ayuda a tomar decisiones coherentes con lo que realmente te importa. A través de la autoevaluación periódica y los ajustes necesarios, puedes mantener un rumbo claro hacia la felicidad y el bienestar.

Es esencial comprender que la felicidad es un viaje, no un destino. Requiere paciencia y perseverancia. No temas cometer errores o enfrentar obstáculos en el camino; son oportunidades de aprendizaje y crecimiento. La constancia y la práctica son las claves para transformar estos conceptos en hábitos que enriquecerán tu vida.

Recuerda que la felicidad es personal y única para cada individuo. Lo que te hace feliz puede ser diferente de lo que hace feliz a otra persona. Por lo tanto, tu viaje hacia la felicidad es un viaje personalizado. Aprovecha las herramientas y estrategias que hemos explorado en este libro, pero adáptalas a tu vida y tus necesidades específicas.

En última instancia, la felicidad es un regalo que te das a ti mismo. A medida que te comprometes a cultivarla a través de la constancia y la práctica, estarás en el camino hacia una vida más rica, significativa y satisfactoria.

APLICA LOS PRINCIPIOS APRENDIDOS EN SU VIDA COTIDIANA.

A lo largo de este viaje a través de las páginas de este libro, hemos explorado los pilares fundamentales de la felicidad y el bienestar. Hemos desglosado conceptos clave, estrategias prácticas y valiosas perspectivas que pueden enriquecer tu vida de manera significativa. Ahora, el momento crucial ha llegado: llevar estos principios aprendidos a tu vida cotidiana.

La sabiduría compartida aquí se convierte en un faro que ilumina el camino hacia una vida más plena y satisfactoria. Sin embargo, ese camino solo se recorre si decides dar el primer paso. Te animo, querido lector, a aplicar con valentía y constancia estos principios en tu vida cotidiana.

La felicidad no es una recompensa que se encuentra al final del camino, sino un compañero de viaje. Es un estado de ánimo y una perspectiva que puedes cultivar día tras día. Aquí te dejo algunas formas de aplicar lo aprendido en tu vida cotidiana:

1. Reflexiona Diariamente: Tómate un momento cada día para reflexionar sobre tus valores, metas y lo que te hace feliz. Esta práctica te mantendrá conectado con lo que realmente importa.

2. Practica la Atención Plena: Dedica tiempo diariamente a la meditación y la atención plena. Estos momentos te recordarán la importancia de estar presente en el aquí y ahora.

3. Cultiva la Gratitud: Lleva un diario de gratitud y toma nota de las cosas por las que estás agradecido. Esta simple acción puede cambiar tu perspectiva y mejorar tu bienestar.

4. Busca un Propósito: Reflexiona sobre lo que te apasiona y busca maneras de integrar tu propósito en tus actividades diarias.

5. Comparte tu Viaje: No viajes solo. Comparte tus valores, metas y logros con amigos y seres queridos. La conexión con otros enriquece la experiencia.

6. Evalúa y Ajusta: Regularmente, evalúa tu progreso hacia tus metas y valores. Si es necesario, ajusta tu rumbo.

La verdadera riqueza de este conocimiento radica en su aplicación práctica en tu vida cotidiana. Cada pequeño paso que tomes te acerca más a una vida más feliz y significativa. No subestimes el poder de la constancia y la práctica deliberada. Estos son los ingredientes que transformarán los conceptos en hábitos y enriquecerán tu vida de manera profunda.

Así que, te invito a dar ese primer paso hoy mismo. No esperes a mañana o al próximo año. Empieza ahora, con una acción pequeña pero significativa. Al hacerlo, estarás encendiendo la chispa que iluminará tu camino hacia una vida más rica y plena. ¡Adelante, y que la felicidad te acompañe en cada paso del camino!

Recursos y Bibliografía

LIBROS, ESTUDIOS Y RECURSOS ADICIONALES PARA AQUELLOS QUE DESEEN EXPLORAR MÁS A FONDO EL TEMA.

Para aquellos que deseen profundizar aún más en este tema apasionante, aquí hay una lista de libros, estudios y recursos adicionales que pueden ayudarte a continuar tu exploración y crecimiento personal:

<u>Libros:</u>

1. **"El Arte de la Felicidad"** por Dalai Lama y Howard Cutler - Un libro que combina la sabiduría del Dalai Lama con la perspectiva de un psiquiatra occidental para explorar la verdadera naturaleza de la felicidad.
2. **"Felicidad Auténtica"** por Martin Seligman - Un libro del pionero de la psicología positiva que ofrece una visión profunda de cómo cultivar la felicidad genuina.
3. **"La Gratitud: Un Enfoque Revolucionario para la Felicidad y la Satisfacción"** por Robert A. Emmons - Un libro que explora la gratitud y su poder transformador en nuestras vidas.
4. **"El Poder del Ahora"** por Eckhart Tolle - Un libro sobre la importancia de vivir en el momento presente y cómo esto puede conducir a una mayor felicidad.
5. **"Resiliencia: Crecer desde el Sufrimiento"** por Karen Reivich y Andrew Shatte - Un enfoque práctico para desarrollar la resiliencia emocional.

<u>Estudios y Artículos Científicos:</u>

1. **Positive Psychology Progress: Empirical Validation of Interventions** - Un artículo de Seligman y Steen que examina las intervenciones de psicología positiva y su impacto.
2. **The Role of Positive Emotions in Positive Psychology: The Broaden-and-Build Theory of Positive Emotions** - Un estudio de Barbara Fredrickson que explora cómo las emociones positivas contribuyen al bienestar.
3. **Counting Blessings Versus Burdens: An Experimental Investigation of Gratitude and Subjective Well-Being in Daily Life** - Un estudio de Emmons y McCullough sobre los efectos de la gratitud en el bienestar subjetivo.

<u>**Recursos en Línea:**</u>

1. **Greater Good Science Center (Centro de Ciencia del Bienestar)** - Un sitio web que ofrece una amplia gama de recursos relacionados con la felicidad, la gratitud y la psicología positiva.
2. **Mindful.org** - Un recurso en línea que brinda información sobre la atención plena y cómo practicarla en la vida diaria.
3. **Authentic Happiness (Felicidad Auténtica)** - El sitio web oficial del Dr. Martin Seligman que ofrece evaluaciones de fortalezas personales y otras herramientas para cultivar la felicidad.
4. **Positive Psychology Program (Programa de Psicología Positiva)** - Un recurso en línea que proporciona cursos y artículos sobre la psicología positiva y la búsqueda de la felicidad.

AGRADECIMIENTOS

Primero y ante todo, agradezco a los lectores, cuya curiosidad y búsqueda de la felicidad han sido la razón fundamental para escribir este libro. Vuestra sed de conocimiento y deseo de crecimiento personal son la fuerza motriz detrás de estas palabras.

Agradezco a los investigadores y autores cuyos estudios y libros han iluminado mi camino en la exploración de la felicidad y el bienestar. Vuestras contribuciones a la ciencia y la literatura han enriquecido este trabajo.

Que estas palabras sirvan como una guía para aquellos que buscan una vida más plena y significativa. ¡Gracias de corazón!

www.ingramcontent.com/pod-product-compliance
Lightning Source LLC
Chambersburg PA
CBHW052237150726

48002CB00003B/1473